Vorwort

„Jenseits des Guten und Schönen: Unbequeme Denkmale?" lautete das Thema des Tages des offenen Denkmals am 8. September 2013. Weiter konnte man auf der Ankündigungsseite im Internet lesen: „Zu den ‚unbequemen Denkmalen' zählen viele Bauten, die heute im Allgemeinen auf Grund der politischen und sozialen Umstände ihrer Entstehungs- oder Nutzungszeit – in unterschiedlichem Ausmaß – ein gewisses Unbehagen oder sehr negative Gefühle auslösen. Dazu zählen [...] Konzentrations- und Arbeitslager der NS-Zeit." (www.tag-des-offenen-denkmals.de/thema)

In diesem Sinne ist das KZ-Außenlager Münchmühle bei Stadtallendorf ganz sicherlich ein unbequemes Denkmal. Es ist auch kein schönes Denkmal, obwohl es heute idyllisch am Waldrand liegt: Stacheldraht und Betonfundamente hinterlassen bei jedem Betrachter ein Gefühl der Beklemmung und des Unwohlseins – was durchaus erwünscht ist. Umso höher muss man das Engagement von Menschen in und um Stadtallendorf bewerten, vor allem auch das von jungen Leuten, das letztendlich dazu führte, dass man sich hier einer unbequemen Vergangenheit stellte, sie nicht unter den Teppich kehrte und das schließlich in der Einrichtung der Gedenkstätte vor 25 Jahren kulminierte. Verwaltet wird die Gedenkstätte Münchmühle vom Dokumentations- und Informationszentrum Stadtallendorf, das 1994 eingerichtet worden ist und zu den vier beispielhaft vom Land Hessen geförderten Gedenkstätten für die Opfer des Nationalsozialismus gehört. Leiter von Beginn an bis heute ist Fritz Brinkmann-Frisch.

1993 wurde in Wiesbaden das „Aktive Museum Spiegelgasse" vom Verein „Aktives Museum Spiegelgasse für Deutsch-Jüdische Geschichte in Wiesbaden e.V.", der aus einer Bürgerinitiative hervorgegangen war, gegründet. Viel haben die Ehrenamtlichen des AMS seitdem geleistet: Sie forschen, stellen aus, verlegen Stolpersteine, organisieren Zeitzeugengespräche und sind aktiv an der Einrichtung zahlreicher Mahn- und Gedenkstätten in Wiesbaden für Opfer des Nationalsozialismus beteiligt. Einen sehr wichtigen Schritt haben die Mitglieder des Vereins 2006 getan, um die Arbeit auf zukunftsfähige Beine zu stellen: Sie gründeten ihre Jugendinitiative Spiegelbild, die seit fünf Jahren erfolgreich von Hendrik Harteman geleitet wird.

Auf einer Bronzetafel an der Gedenkstätte Münchmühle kann man lesen: „Wer sich der Vergangenheit nicht erinnert, ist dazu verdammt, sie noch einmal zu erleben." (George de Santayana, Philosoph und Schriftsteller, 1863-1952). Auch bei den beiden in diesem Heft 3 vorgestellten Gedenkstätten und Erinnerungsinitiativen für Opfer des Nationalsozialismus sorgen Ehrenamtliche wie Hauptamtliche dafür, dass wir diese Vergangenheit hoffentlich nicht noch einmal erleben müssen.

Dr. Monika Hölscher

Fritz Brinkmann-Frisch:

Das Lager Münchmühle bei Stadtallendorf

Standort und Baugeschichte des Lagers

Das Lager „Münchmühle", benannt nach der in unmittelbarer Nähe gelegenen Mühle am „Münchbach", befand sich an der Straße von Kirchhain nach Neustadt/Hessen, zwei km südwestlich von Allendorf.

Das Lager Münchmühle in der Bildmitte links[1]

Das Anfang 1940 erbaute Lager bestand aus insgesamt 26 Baracken. Eigentümer war die reichseigene Firma ‚Verwertungsgesellschaft für Montanindustrie GmbH'. Diese Firma war auch Eigentümerin der gesamten Werksanlagen, die sie an die ‚GmbH zur Verwertung chemischer Erzeugnisse', kurz ‚Verwertchemie' verpachtete. Die Verwertchemie, eine Tochterfirma der Dynamit-Aktien-Gesellschaft, produzierte und verfüllte an zahlreichen Standorten im Reich Sprengstoffe für die Wehrmacht.

Im Lager waren in verschiedenen Zeiträumen unterschiedliche Nationalitäten von zivilen Zwangsarbeitern und Zwangsarbeiterinnen (Polen, Niederländer, Franzosen, Italiener), Kriegsgefangenen (Franzosen, Serben, Italiener) und Einheiten des Reichsarbeitsdienstes untergebracht. Von August 1944 bis Ende März 1945 war das Lager Münchmühle Außenlager von Buchenwald mit 1.000 weiblichen Häftlingen, die Mehrzahl aus Ungarn und ein kleiner Teil aus der Slowakei.

Blick auf das Lager von der Bahnlinie, links die Münchmühle.[2]

Einsatz, Umfang und Struktur des Häftlingseinsatzes in der Allendorfer Rüstungsindustrie[3]

In der Rüstungsindustrie wurden wegen Arbeitskräftemangel zunehmend zivile Zwangsarbeiter und Zwangsarbeiterinnen, Kriegsgefangene, Strafgefangene und vermehrt seit 1942 auch KZ-Häftlinge eingesetzt.[4] Die Betriebsleitungen bemühten sich bei der SS um die Zuweisung von KZ-Häftlingen in der Rüstungsproduktion. Um die Rüstungsaufträge zu erfüllen, beantragte auch die Allendorfer Fabrikleitung der „Verwertchemie" Häftlinge. Am 6. Juni 1944 fand in Allendorf eine Besprechung zwischen dem Lagerkommandanten von Buchenwald, Hermann Pister, und dem Direktor der Allendorfer Verwertchemie, Arthur Ringleb, statt. Die weiblichen Häftlinge sollten für Erdarbeiten, in den Abfüllanlagen für Granaten und Bomben sowie in der Wäscherei und Schneiderei eingesetzt werden. Um einen geschlossenen Einsatz zu ermöglichen, sollte die Arbeitszeit von drei Schichten in 24 Stunden auf zwei Schichten je zwölf Stunden verlängert werden. Weiter war beabsichtigt, Aufseherinnen aus dem Werk zu rekrutieren und einen elektrischen Zaun zu installieren. Für Fabrikations-und Entladearbeiten wünschte Direktor Ringleb allerdings männliche Häftlinge. Das Entgelt wurde auf 3 RM bzw. 5 RM festgelegt.[5] Tatsächlich berechnete die SS jedoch einen Tagessatz in Höhe von 4 RM pro Tag/pro Häftling für Frauen und Hilfsarbeiter.[6]

Neben dem Vermerk über die Allendorfer Besprechung existiert ein weiteres Schriftstück, aus dem die Schwierigkeiten zwischen der SS und der Fabrik hervorgehen. Im September 1944 stellte die Fabrik Allendorf nicht die vom Wirtschaftsverwaltungshauptamt (WVHA) geforderte Anzahl von Aufseherinnen und beantragte gleichzeitig eine Erhöhung der Häftlingszahl um 350. Pister kritisierte die mangelnde Kooperation der Fabrikleitung und forderte mehr Verständnis für die „Arbeit" der SS, die der „reibungslosen Abwicklung des Einsatzes im Werksinteresse" diene. Außergewöhnlich war für Pister die Forderung der Werksleitung, den Verleih von Häftlingen durch einen Vertrag zu besiegeln. „Es ist bei den vielen anderen Firmen, die vom KL Bu. mit Häftlingen versehen werden bisher ohne Vertrag möglich gewesen, das erforderliche Verständnis zu finden."[7] Vor dem Hintergrund, dass beide Seiten gleichermaßen von dem Handel mit Menschen profitierten, benötigten die Profiteure keine vertraglichen Vereinbarungen und die Industrie konnte nach dem Krieg die Legende der von der SS „aufgezwungenen" Häftlinge entwickeln.

2.1. Altersstruktur und Änderungen in der Anzahl der Häftlinge

Das Durchschnittsalter der Häftlinge betrug zum Kriegsende 27 1/4 Jahre, die Älteste war 53 und die Jüngste 15 Jahre. Über 50 % waren zwischen 15 und 25 Jahren alt.

Vom 16. August 1944 bis zum 27. März 1945 lassen sich folgende Änderungen in der Anzahl der Häftlinge nachweisen: Am 27.10.1944 wurden fünf Frauen wegen Schwangerschaft über das Arbeitskommando Mühlhausen nach Auschwitz zurücktransportiert. Am 8.11.1944 starb eine der Frauen aufgrund der Arbeitsbedingungen.[8] Am 23.12.1944 wurde eine Frau vom Arbeitskommando ATG-Leipzig nach Allendorf überstellt, und am 26.1.1942 erfolgte ein Transport von zwei schwangeren Frauen nach Bergen-Belsen. Die Stärke des Kommandos Allendorf zum Zeitpunkt der Evakuierung des Lagers betrug demnach also 993 Häftlinge.[9]

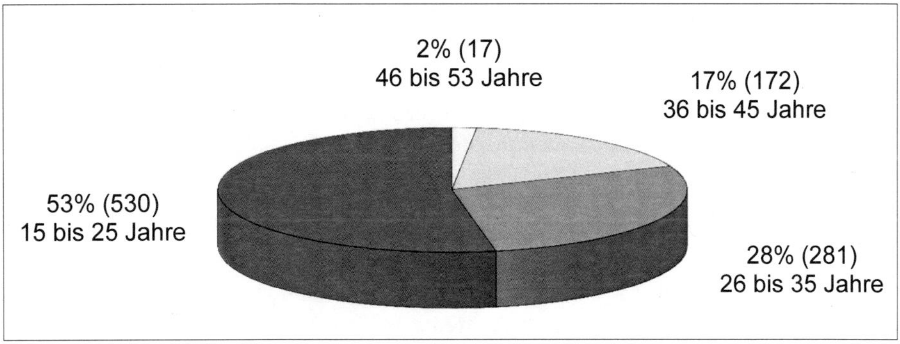

Altersstruktur der Frauen des KZ-Außenkommandos Münchmühle

2.2. Die Arbeitsbedingungen

Die Forderungsnachweise der Arbeitseinsatzverwaltung in Buchenwald wurden auf der Basis der täglichen Einsatzmeldungen vor Ort erstellt. Daraus ergab sich die Anzahl der Tagewerke, die mit dem „Verleihlohn" von 6 RM für einen Facharbeiter bzw. 4 RM für einen Hilfsarbeiter multipliziert wurde. Frauen wurden im Fall der Außenkommandos von Buchenwald wie Hilfsarbeiter abgerechnet.[10] Dieser Betrag wurde den Rüstungsbetrieben in Rechnung gestellt. Nur für den Monat August – und zwar ab dem 17. August, also einen Tag nach der Ankunft des Transportes – liegen tägliche Einsatzmeldungen vor.[11] Obwohl laut der täglichen Meldungen nur ein geringer Teil im August zur Arbeit in der Fabrik eingesetzt wurde, stellte das Stammlager Buchenwald – mit Ausnahme der Häftlinge im Revier – alle Frauen in Rechnung. Für den Zeitraum August 1944 bis einschließlich Februar 1945 berechnete die SS der Fabrik Allendorf einen Gesamtlohn von fast 650.000 RM.[12] Gearbeitet wurde an sechs Tagen in der Woche[13] in verschiedenen Schichten, die 12 Std. bzw. 8 Std. mit ½ Std. Pause umfassten. Der Einsatz erfolgte in verschiedenen Abteilungen der Fabrik, wie Wäscherei, Schneiderei und Abfüllanlagen für Sprengstoffe. Aus dem Jahresbericht 1944 der Fabrik geht hervor, dass die Firmenleitung mit dem Arbeitseinsatz der Häftlinge äußerst zufrieden war. „Die Erfahrungen, die mit den seit August v.J. eingesetzten Jüdinnen gemacht wurden, sind befriedigend. Auch das Verfüllen der fast 50 kg schweren 15 cm Granaten konnte mit bestem Erfolg durch Einsatz weiblicher jüdischer Häftlinge bewältigt werden."[14] Die Arbeitsbedingungen in den Abfüllbetrieben waren mit Abstand am schwersten und mit extremen gesundheitlichen Belastungen verbunden. Haut, Haare und Fingernägel der Häftlinge verfärbten sich gelb. „My face turned yellow from the poison, from inhaling it and we were extremely undernourished and weak."[15] Ein französischer Verbindungsoffizier stellt in einem Bericht zur Arbeit der Häftlinge fest: „The work consisted of filling bombs and shells with explosives.

These shells weighed 40 kg. And each prisoner had to handle 1000 of them per day."[16] Einige Frauen, vor allem die jüngsten, wurden als Arbeitskräfte im Lager eingesetzt. Andere berichten von Einsätzen in der Landwirtschaft. Dort waren in den meisten Fällen die Arbeitsbedingungen und die Verpflegung besser. Die Frauen, die in der Produktion eingesetzt waren, litten lebenslang unter den gesundheitlichen Folgen.

2.3. Bewachung

Das Lager war umzäunt und die Häftlinge wurden von männlichen Wachmannschaften aus Buchenwald sowie z.T. dienstverpflichteten Frauen des Werkes Allendorf bewacht. Die Stärke der Bewachung betrug kurz vor Auflösung des Lagers 46 SS-Männer und 47 Aufseherinnen, zwei Häftlingsärztinnen und acht Häftlingspflegern.[17] Kommandoführer war Hauptscharführer Adolf Wuttke, der von den Frauen mehrheitlich als „human" beschrieben wird, während sein Stellvertreter, Ernst Schulte(r), als brutaler Mensch charakterisiert wird.

2.4. Die Evakuierung

Am 27. März 1945 wurde das Lager vor den heranrückenden amerikanischen Truppen geräumt. Der Marsch ging zunächst Richtung Osten (Ziegenhain) und dann weiter nach Nordosten (Fritzlar). Während des gesamten Marsches setzten sich sowohl Häftlingsgruppen als auch Wachmannschaften ab, so dass sich der gesamte Zug komplett auflöste. Staatsanwaltschaftliche Ermittlungen Anfang der 1970er Jahre ergaben keine Hinweise auf Tötungshandlungen, so dass das Ermittlungsverfahren im November 1971 eingestellt wurde.[18] Die Frauen wurden von den amerikanischen Truppen und der UNNRA versorgt, in öffentlichen Gebäuden oder bei deutschen Familien einquartiert und der Rücktransport in die Heimat oder in andere Länder organisiert.

Verurteilung von Wachpersonal

In den Akten der Staatsanwaltschaft existiert eine Liste mit den Namen von 45 Aufseherinnen. Von diesen waren 18 Frauen in verschiedenen Lagern interniert. Drei Frauen, darunter die Oberaufseherin, wurden von der Frauenspruchkammer des Lagers Darmstadt zu mehrjährigen Haftstrafen in einem Arbeitslager verurteilt. Jedoch wurden alle internierten bzw. verurteilten Frauen nach 1½ bis 3½ Jahren entlassen.[19]

Der Kommandant des Außenkommandos Münchmühle, SS-Hauptscharführer Adolf Wuttke, war der einzige des männlichen Wachpersonals, der verurteilt wurde. Im Dachauer Kriegsverbrecherprozess wurde gegen ihn wegen des Schlagens von Häftlingen in Buchenwald eine Haftstrafe von 4½ Jahren verhängt.[20] Das weitere Schicksal seines Stellvertreters Ernst Schulte(r) konnte bis heute nicht geklärt werden.

Anmerkungen

1 Luftbild der Royal Air Force vom 24. Dezember 1944, aufgenommen aus 25.000 ft (~ 7620m); Air Photo Library, Department of Geography, University of Keele, UK.

2 Das Foto entstand ca. 1942, Fotoarchiv DIZ Stadtallendorf, III./Nr.60

3 In Allendorf gab es neben der bereits erwähnten Firma ‚Verwertchemie' noch das Werk Herrenwald der Westfälisch-Anhaltischen-Sprengstoff AG.

4 vgl. Hermann Kaienburg, „Vernichtung durch Arbeit". Der Fall Neuengamme. 2. Aufl. 1991, S.283ff. In den Allendorfer Sprengstoffwerken arbeiteten ca. 17.500 ausländische Arbeitskräfte der vier genannten Kategorien.

5 Historical Section 7, file 149, Archiv Yad Vashem.

6 NS 4 Buchenwald Nr. 8, Blatt 134; Thüringisches Hauptstaatsarchiv Weimar; ab 01.01.1943 betrugen die Arbeitsentgelte 4 RM für Hilfsarbeiter und 6 RM für Facharbeiter; Kaienburg 1991, S.456.

7 Brief Kommandant Pister an den Direktor der Fabrik, Ringleb, vom 08.09.1944, Historical Section 7, file 149, Archiv Yad Vashem.

8 Es handelt sich um Jolan Hauer, die auf dem jüdischen Friedhof in Allendorf bestattet wurde. In der Sterbeurkunde ist als Todesursache ‚hämolytischer Ikterus' angegeben, ein Hinweis auf die Toxizität der Stoffe, mit denen die Frauen in Berührung kamen..

9 Alle Angaben aus Historical Section Nr. 12, file 160, Archiv Yad Vashem.

10 handschriftlicher Vermerk der Arbeitsstatistik Buchenwald vom 01.09.1944, dort ist außerdem die Anschrift des Kommandos Allendorf handschriftlich vermerkt mit: ‚Fabrik Allendorf der Ges.m.b.H. zur Verwertung chem. Erzeugnisse Allendorf Krs. Marburg'; Thüringisches Hauptstaatsarchiv Weimar, NS4 Bu Nr. 8

11 Arbeitseinsatz K.L. Allendorf vom 17. bis 31. August 1944, KLBU 269/VIII, Thüringisches Hauptstaatsarchiv Weimar.

12 Forderungsnachweise der Kommandantur K.L. Buchenwald August 1944 bis Februar 1945; für März 1945 wurde kein Nachweis gefunden. Historical Section 19, f.190-191, Historical Section 20, f. 192-193, Yad Vashem.

13 Ab Mitte Oktober 1944 wurden kleinere Gruppen von Häftlingen (20-40)auch sonntags eingesetzt und ab Mitte Januar bis Ende Februar 1945 wurden an Sonntagen wesentlich größere Gruppen (400-700) eingesetzt. Vgl. Fußnote 15.

14 Jahresbericht 1944 der Fabrik Allendorf der Gesellschaft mit beschränkter Haftung zur Verwertung chemischer Erzeugnisse. Archiv des DIZ.

15 Mitteilung von Elisabeth Berkovics, Oktober 1987. Im Jahr 1987 organisierte die Stadt Stadtallendorf eine Fragebogenaktion u.a. zu den Lebens- und Arbeitsbedingungen der Häftlinge

des Kommandos Münchmühle. Die z.T. sehr ausführlichen Antworten und Berichte befinden sich im Archiv des DIZ.

16 Bericht von J.A. Boucherat, French Liason Officer, v. 04.04.1946; Zentrale Stelle der Landesjustizverwaltungen Ludwigsburg; Ermittlungsakte IV 429 AR-Z 51/1970, Bl. 14-16.

17 Stärkemeldung des Arbeitslagers Allendorf vom 20.03.1945; Historical Section 12, f.163, Yad Vashem.

18 Staatsanwaltschaft beim Landgericht Marburg; Ermittlungssache gegen unbekannt wegen Mordes, Js 400/70.

19 Zentrale Stelle der Landesjustizverwaltungen Ludwigsburg; Ermittlungsakte IV 429 AR-Z 51/1970, Bde. 1-6.

20 Record of Trial in the Case of U.S. vs. Adolf Wuttke, German National (Case No. 000-Buchenwald-40), Archiv der Gedenkstätte Buchenwald.

Hendrik Harteman:

Zur Geschichte des Gebäudekomplexes Spiegelgasse 9–11

Das Aktive Museum hat seinen Sitz in der Spiegelgasse der (Wieder-)Entdeckung der jüdischen Geschichte Wiesbadens zu verdanken. Die Spiegelgasse ist nach dem ehemals dort ansässigen Bad- und Gasthaus „Zum Spiegel" benannt. Der Ort zeigt die Geschichte der aufstrebenden, weltoffenen Kurstadt Wiesbaden vom Ende des dreißigjährigen Krieges bis zum 1. Weltkrieg. Einher mit dem Aufstieg Wiesbadens ging die allmähliche Entwicklung einer jüdischen Gemeinde, die eine der führenden Reformgemeinden des deutschen Judentums werden sollte.

Nach mehreren Vertreibungen der einzelnen jüdischen Familien aus dem Stadtgebiet entwickelte sich relativ spät eine durchgehende Siedlung von Juden in der Kleinstadt. Im 16. Jahrhundert lebten in der Metzgergasse, der heutigen Wagemannstraße, die kurzzeitig Judengasse hieß, nur einige wenige jüdische Händler. Im Jahr 1724 lebten sieben jüdische Familien in der Stadt. Das jüdische Bad- und Gasthaus „Zum Rebhuhn", auch „Zum Repp-Hinkel" genannt, ist in diesem Jahr erstmalig urkundlich erwähnt. Es hat immer wieder jüdische Bad- und Gasthäuser gegeben, erwähnt seien „Der Hirsch", „Zum halben Mond" und später auch „Der goldene Brunnen". Am beständigsten war jedoch, auch durch Unterstützung der herzoglichen Verwaltung, das „Rebhuhn" in der Spiegelgasse. Der jüdische Eigentümer beherbergte Frankfurter Juden zum Kururlaub und arme Juden, wie es das Gesetz der Wohltätigkeit vorsah. In seinem Haus fanden die „Schul" und der Gottesdienst statt. Es kann von einem ersten Gemeindezentrum gesprochen werden, ohne dass es ein repräsentatives Synagogengebäude gegeben hätte.

Im Jahr 1735 wurde in der engen Spiegelgasse ein Wohnhaus als Anbau an das „Rebhuhn" gebaut. Der Badebetrieb und das dazugehörige Hotel wurden erweitert und es gilt als gesichert, dass auch der Anbau (die Spiegelgasse 11) für den Badebetrieb und als Herberge genutzt wurde. Dieser Anbau gilt heute als das drittälteste Gebäude der Altstadt Wiesbadens und das einzige, das an die Ursprünge der jüdischen Gemeinde erinnert. Seit 1993 kann das Aktive Museum das Haus als Ausstellungsgebäude nutzen.

Rechts das Haus Spiegelgasse 11

Bis 1852 war der Gebäudekomplex „Zum Rebhuhn", der später zum „Pariser Hof" neu- und ausgebaut wurde, in Besitz jüdischer Eigentümer. Bis in die dreißiger Jahre des 19. Jahrhunderts war es das Zentrum des jüdischen Lebens in Wiesbaden. Der Gebäudekomplex beherbergte eine wichtige Voraussetzung für die Existenz jüdischer Gemeinden, eine Mikwe. Neben einer Synagoge und einem Friedhof gehört das Unterhalten eines rituellen Bades, einer Mikwe, zu den Grundsteinen einer Gemeinde. Durch die Beschaffenheit des Badhauses, die Größe der Badebecken und der fließenden Thermalquellen war es für die Eigentümer des „Rebhuhn" leicht, eine Mikwe einzurichten.

Nach dem Ende des „Rebhuhn" suchte die Gemeinde ein neues Zentrum und unterhielt ab 1832 eine Synagoge in der Schwalbacher Straße. Der neue Rabbiner aus Frankfurt war Abraham Geiger, der zunächst in Wiesbaden, dann in Breslau und später in Berlin als einer der bedeutenden Wegbereiter und Vertreter des Reformjudentums galt. Er konnte Streitigkeiten in der Gemeinde beilegen und begleitete die Wiesbadener Juden bei der allmählichen Emanzipation im Herzogtum Nassau. Sein Nachfolger Samuel Süßkind wirkte 40 Jahre und erlebte erste Bürgerrechte für Juden 1848 und den Bau der stattlichen Synagoge am Michelsberg 1869. Die jüdische Gemeinde genoss in diesen Zeiten gutes Ansehen und vielen ihrer Mitglieder gelang die Assimilation in die wachsende und immer reicher werdende „Weltkurstadt". Pogrome im Osten führten zur Einwanderung sogenannter Ostjuden, die in den 20er Jahren etwa ein Drittel der jüdischen Bevölkerung ausmachten. 3200 Juden lebten zum Ende des 1. Weltkrieges in der etwa 100.000 Menschen zählenden Stadt.

Die Besatzung und die folgende Wirtschaftskrise waren schwere Schläge für die Gemeinde. Sie begann sich immer enger zusammen zu schließen, gründete neben verschiedenen Hilfsorganisationen ein Altenheim, das Jüdische Lehrhaus zur Erwachsenenbildung, unterschiedliche Jugendorganisationen und eine Schule. Diese Organisationen halfen den aufkommenden Nationalsozialismus zu ertragen und konnten die Gemeinde etwas „über die schwere Zeit hinwegtrösten", wie Paul Lazarus, der letzte Rabbiner der Hauptsynagoge am Michelsberg, in seiner letzten Predigt am 17. Oktober 1938 sagte.

Der Zerstörung der insgesamt fünf Synagogen im Stadtgebiet am 10. November 1938 folgten schnell die Deportationen, die im Herbst 1942 weitgehend abgeschlossen waren. Wiesbaden galt als „judenfrei". Von der letzten großen Deportation, die am 1. September 1942 über die Viehverladerampe des städtischen Schlachthofes organisiert wurde, stehen dem Aktiven Museum 30 Fotografien zur Verfügung, die das Ende der jüdischen Gemeinde dokumentieren.

Schon 1946 konnte das Gebäude der Synagoge in der Friedrichstraße durch Holocaustüberlebende und amerikanische Soldaten soweit in Stand gesetzt werden, dass erste Gottesdienste abgehalten wurden. Eine Mikwe fehlte. Man erinnerte sich damals an den Pariser Hof, der auch nach dem Krieg als Hotel und Badehaus diente. Mehrere Jahre wurden einzelne Badekabinen des Pariser Hofes wieder als Mikwe genutzt. Der Kreis der jüdischen Geschichte Wiesbadens schloss sich, zumindest räumlich, ein wenig. 1966 wurde eine neue Synagoge am Ort der alten in der Friedrichstraße gebaut. Bis heute ist sie das Zentrum der Jüdischen Gemeinde der Landeshauptstadt. Sie zählt im Jahr 2013 aufgrund der Einwanderung aus Osteuropa fast 800 Mitglieder.

Quellen:

Begegnungen I, Paulgerd Jesberg Hg., Förderkreis für ein Aktives Museum für deutsch-jüdische Geschichte, Wiesbaden 1988

Badehaus „Pariser Hof", Bauhistorisches Kurzgutachten, Dr. Wolfgang Fritsche, Gustavsburg, 1999

Das jüdische Badhaus „Zum Rebhuhn" in Wiesbaden, Lothar Bembenek, in „MENORA Jahrbuch für deutsch-jüdische Geschichte", Serie Piper, 1992

Fritz Brinkmann-Frisch:

Entstehungsgeschichte der Gedenkstätte Münchmühle

„Das, was damals passierte, ist unvorstellbar. Dennoch: Gedenken ist in manchen Fällen das Gegenteil von Visualisieren. Mahnmale haben eine symbolische, metaphorische Qualität, sie können lediglich daran erinnern, daß es etwas zu erinnern gibt. Was genau es ist, sagen sie nicht notwendigerweise. Es wird vorausgesetzt. Gegen die Bilderflut wird die Geste gesetzt, die Anspielung."[1]

Durch die Ansiedlung von zwei Sprengstoffwerken in der NS-Zeit entwickelte sich Allendorf von einem kleinen, bäuerlich geprägten Ort hin zu einer Industriestadt, zu Stadtallendorf. Für den Bau und Betrieb der Werke wurden tausende ausländischer Zwangsarbeiterinnen und Zwangsarbeiter eingesetzt. An ihren Lebens- und Arbeitsbedingungen und ihrem weiteren Schicksal nach dem Krieg bestand lange Zeit kein öffentliches Interesse. In den städtischen Publikationen fanden sie nur als Randnotiz Erwähnung: „Etwa 60 Prozent der Beschäftigten waren Kriegsgefangene und Fremdarbeiter, bei der Arbeitsverwaltung waren Angehörige von 21 Nationen registriert. Diese waren in verschiedenen Lagern untergebracht, die um Allendorf herum errichtet wurden"[2]. Zwanzig Jahre später gab es einen ersten Hinweis auf eine besondere Gruppe von Zwangsarbeiterinnen: „Bis zu 25.000 Menschen waren nach Schätzungen in den Werken eingesetzt, und zwar einschließlich der Bauarbeiter. Über die Hälfte waren es Ausländer, neben Kriegsgefangenen auch Zwangsarbeiter (z.B. deportierte Jüdinnen)"[3]. Ihre Namen und weiteren Lebenswege waren nicht bekannt, die Öffentlichkeit und die Forschung schenkte ihnen keine Beachtung. Ralph Giordano bezeichnete dieses Desinteresse nach 1945 als zweite Schuld, als Verdrängung und Verleugnung der ersten Schuld.

Eine intensivere Auseinandersetzung mit der NS-Vergangenheit Stadtallendorfs erfolgte erst Anfang der achtziger Jahre. Es waren Schülerinnen und Schüler der Gesamtschulen in Stadtallendorf (heute Georg-Büchner-Schule) und in Kirchhain (heute Alfred-Wegener-Schule), die am Wettbewerb des Bundespräsidenten zur deutschen Geschichte teilnahmen. Der Wettbewerb stand 1981 unter dem Thema „Alltag im Nationalsozialismus". Die Stadtallendorfer Schülerinnen und Schüler befassten sich in ihrem Beitrag mit der katholischen Landgemeinde Allendorf. Im Jahr 1983 reichte ein anderer Wahlpflichtkurs der Georg-Büchner-Schule einen Beitrag unter dem Thema: „Zur Ausbeutung in Allendorf: Die ausländischen Zivilarbeiter in der Fabrik Allendorf zur Verwertung chemischer Erzeugnisse" ein. Tutor für beide Kurse war Dr. Harald Horn. Die Kirchhainer Schülerinnen und Schüler nahmen 1983 mit ihrem Beitrag: „Von Auschwitz nach Allendorf. Ausgebeutet und vergessen. Fremdarbeiter und KZ-Häftlinge in Europas größten Rüstungswerken im 2. Weltkrieg" ebenfalls an dem Geschichtswettbewerb teil, Tutor war Dr. Bernd Klewitz.

Die Arbeiten bildeten das Fundament für die weitere Erforschung der NS-Geschichte und ihre lokalen Auswirkungen in Stadtallendorf. Insbesondere rückte die Geschichte des Lagers Münchmühle in den Fokus des öffentlichen Interesses. Im Landtag gab es eine Anfrage der Partei „Die Grünen", ob und wie die Landesregierung die Erinnerung an dieses Lager unterstütze. Die Landesregierung verwies in ihrer Antwort auf die Hessische Landeszentrale für politische Bildung und das Hessische Institut für Bildungsplanung und Schulentwicklung, die auf Anforderung entsprechende Unterrichtsmaterialien zur Verfügung stellen würden. Die Erinnerung vor Ort durch Veranstaltungen oder eine Gedenkstätte müsse jedoch „den örtlichen Gremien (Gemeinde, Verbände) überlassen bleiben."[4]

Zeitzeuginnen besichtigen die Gedenkstätte während der Begegnungswoche 1990 (Josef Hausmann, Fotoarchiv DIZ).

Es vergingen zwei weitere Jahre, bis der Kreistag des Landkreises Marburg-Biedenkopf auf Antrag der Fraktionen der SPD und der Grünen im April 1985 beschloss, aus Anlass des 40. Jahrestages des Kriegsendes an der Münchmühle, an historischem Ort, ein Denkmal zur Erinnerung an die Opfer zu errichten. Die darauf folgenden Monate waren zunächst geprägt vom Vorwurf mangelnden Willens und mangelnder Kooperationsbereitschaft seitens der Stadt Stadtallendorf. Es gab kontroverse öffentliche Diskussionen darüber, ob und wie an die Geschichte des Lagers und an das Schicksal der tausend ungarischen Jüdinnen erinnert werden sollte. Erst im November 1986 einigten sich die Gremien von Kreis und Stadt über Parteigrenzen hinweg, die Erinnerung an die Opfer der Zwangsarbeit durch die Errichtung einer Gedenkstätte an der Münchmühle wach zu halten, eine Begegnungswoche mit Zeitzeuginnen des Lagers vorzubereiten, sowie die NS-Geschichte Stadtallendorfs zu erforschen und die Ergebnisse in einer Dauerausstellung zu dokumentieren.[5] Der Kreis schloss mit dem Eigentümer des Geländes einen Erbpachtvertrag über die Nutzung von einer Fläche von ca.800 qm, um auf dem Betonfundament der ehemaligen Waschbaracke ein Denkmal einzurichten. Die vom Kreis entworfene Gedenkstätte wurde im Mai 1988 eingeweiht. Sie ist von einem drei Meter hohen Stacheldrahtzaun mit Betonpfosten umgeben. Im Zentrum steht ein Eisentor. Es soll absichtlich rosten, als Symbol dafür, „dass diejenigen, welche in solchen Lagern Menschen gefangen halten, nicht auf Dauer Macht und Gewalt ausüben."[6]

Anmerkungen

1 Setz, Clemens J.: Dem Chaos abgerungene Zusammenhänge. Über Art Spiegelmann, in: Sinn und Form, 1. Heft 2013, S. 36.

2 Stadt Allendorf. Verleihung der Stadtrechte. 1. Oktober 1960. Hg. Stadtverwaltung Stadt Allendorf, S. 83.

3 782–1982. 1200 Jahre Stadtallendorf. Entwicklung vom Dorf zur Stadt. Festschrift zur 1200 Jahrfeier 12.8.-16.8.1982. Hg. Magistrat der Stadt Stadtallendorf, S. 39.

4 Antwort des Kultusministers Hans Krollmann, Drucksache des Hessischen Landtag Nr.10/365 vom 15. Februar 1983.

5 Die Begegnungswoche fand im Oktober 1990 statt und im November 1994 wurde das Dokumentations- und Informationszentrum (DIZ) Stadtallendorf eröffnet.

6 Landrat Prof. Dr. Kurt Kliem in seiner Rede aus Anlass der Einweihung der Gedenkstätte.

Marina Flanderka und Marzena Siemon:

Die Münchmühle als außerschulischer Lernort – Arbeitsmöglichkeiten im DIZ

„Und es ist der Wunsch der Überlebenden, dass sich zukünftig auch weiterhin Schüler, Studenten und alle Menschen guten Willens, die die Orte des Verbrechens besuchten oder mit Zeitzeugen zusammentrafen, daran beteiligen, den Gedanken an die Opfer wachzuhalten."[1]

Noch immer wird die Münchmühle von der beklemmenden Atmosphäre der NS-Zeit geprägt. Und genau diese Stimmung ist es, die die Gedenkstätte Münchmühle in Verbindung mit dem DIZ (dem Dokumentations-und Informationszentrum in Stadtallendorf) als außerschulischem Lernort für Schüler und Lehrer so interessant macht. Kein Film, kein Dokument kann das leisten, wozu die Begegnung mit dem realen Ort in der Lage ist.

Der Besuch einer Gedenkstätte als außerschulischem Lernort vermag bei Schülern ein höheres Maß an Betroffenheit hervorzurufen als die Bemühungen der meisten Lehrer, den Lernort in Form von Bildern, Filmen oder anderen Dokumenten ins Klassenzimmer zu bringen[2]. Gerade durch die direkte Begegnung mit noch „existierender" Geschichte werden die Schüler dazu angeregt, sich mit der Geschichte des Holocaust zu befassen. Im DIZ selbst, das über die Münchmühle Materialien bereitstellt, bestehen dann für Schulklassen vielfältige Möglichkeiten, sich in spezielle Themen zu vertiefen bzw. das allgemeine Wissen zu vergrößern. So besteht die Möglichkeit einen Unterrichtsgang zu dem Standort des ehemaligen Konzentrationslagers zu unternehmen und sich direkt ein Bild vom Ort dieser Geschehnisse zu machen oder sich in schriftliche Erinnerungen oder Zeitzeugeninterviews zu vertiefen. Die Zeitzeugin Eva Pusztai besucht das DIZ und die Gedenkstätte regelmäßig. Während ihres Aufenthaltes in Stadtallendorf haben die SchülerInnen die Chance, eine Zeitzeugin kennenzulernen, Fragen an sie zu stellen und Gespräche mit ihr zu führen.

Des Weiteren kann eine Stadtrundfahrt durch das ehemalige DAG- und WASAG-Gelände organisiert werden, wo die zum Teil noch erhaltenen Gebäude der Sprengstoffwerke mit ihrer typischen Bauweise und Dachbegrünung zu sehen sind. In die Rundfahrt ist ebenfalls der Besuch des Jüdischen Friedhofs eingebunden, auf dem auch sowjetische Kriegsgefangene beigesetzt wurden.

Das DIZ und die Gedenkstätte Münchmühle sind besondere außerschulische Lernorte. Hier wird das Unrechtsregime der Nationalsozialisten am authentischen Ort für die SchülerInnen greifbar. Obwohl die ehemaligen Lagergebäude fehlen, schafft der authentische Ort für die BesucherInnen das bewusste Erleben. Die Begegnung mit diesem Ort bildet einen zentralen Bezugspunkt für Geschichte, hier erkunden die SchülerInnen, die aus der Umgebung von Stadtallendorf oder aus der Stadt selbst kommen, unter anderem auch vielfältige Orte der eigenen Wurzeln, der eigenen Familiengeschichte.[3] „Bei der Überwindung der zeitlichen Distanz hilft den Schülern die lokale Nähe."[4] Damit rückt das kaum Nachvollziehbare für die SchülerInnen in ihre direkte Nähe und es spielt sich in ihrer unmittelbaren Umgebung ab und nicht an fernen Orten im Osten Europas, wie es häufig die Schulbücher thematisieren. Bei vielen SchülerInnen wird mit dem Besuch einer Gedenkstätte echte Betroffenheit ausgelöst und nur über den Weg der Emotionen, der Empathie, der (Be-)Rührung kann es gerade bei Jugendlichen zu Erkenntnis und Bildung kommen.[5]

Aus der Sicht der SchülerInnen haben historische Orte für ihre eigenen Lernbiografien hohe Motivationskraft, denn diesen Orten schreiben die SchülerInnen Vertrauenswürdigkeit, Zugänglichkeit und Verständlichkeit zu.[6] Darüber hinaus fördert die Auseinandersetzung mit historischen Orten das Verstehen der Bindung von Geschichte an den Raum und schärft die Fähigkeit räumliche Zusammenhänge zu durchschauen.[7]

Die zahllosen Opfer des Nationalsozialismus bekommen durch die BesucherInnen selbst, durch ihre Fragen und ihr Interesse Namen und Gesichter und damit auch ihre Identität und Würde zurück[8], worin eine wesentliche Aufgabe der Gedenkstätten liegt. Denn ansonsten bleiben die hohen Opferzahlen nur Zahlen, die das persönliche Erleben, Verstehen und Verorten der SchülerInnen oftmals nicht berühren.

Die Gedenkstätten werden sicherlich noch an Bedeutung gewinnen, je weniger Zeitzeugen über die Verbrechen der Nationalsozialisten berichten können. Die Aufgabe der nachfolgenden Generationen wird darin liegen, die Erinnerungskultur zu erhalten und zu fördern. Dieser bewusste Umgang mit der Vergangenheit leistet somit einen wichtigen Beitrag zur Sicherung der freiheitlich demokratischen Ordnung.

So schreibt Klaus Alheim: „Im Kontext einer aufklärenden politischen Bildung gegen Rechtsextremismus hat das Erinnern an die nationalsozialistische Barbarei, die Widerlegung des rechtsextremen Geschichtsrevisionismus, der mit dem Leugnen der Gräuel von Auschwitz neuer Barbarei den Boden bereiten könnte, eine zentrale Funktion. Erinnerungsarbeit in Verbindung mit lokalen Kultur-und Geschichtsinitiativen etwa, Gedenkstättenarbeit gehören zum Kern jeder politischen Bildung."[9]

Im DIZ finden deshalb regelmäßig Fortbildungen statt, die sich speziell an Lehrkräfte und Studenten des Lehramts richten. Im Rahmen der Fortbildungen werden über das Konzentrationslager Münchmühle hinaus vielfältige Arbeitsmöglichkeiten zu anderen Themen der Nazizeit vorgestellt.

Anmerkungen

1 Tadeusz Sobolewicz: Nie wieder! Das Vermächtnis der Überlebenden. In: Zeugen und Zeugnisse. Bildungsprojekte zur NS-Zwangsarbeit mit Jugendlichen. Hg.: Stiftung Erinnerung, Verantwortung und Zukunft. Berlin 2008. S. 104f.

2 Außerschulisches Lernen an KZ-Gedenkstätten, Gerhard Henke-Bochschatz, der Holocaust als Thema im Geschichtsunterricht. Kritische Anmerkungen. In Meseth (Proske; Radtke (Hrsg.) Schule und Nationalsozialismus.

3 Vgl. Politik und Unterricht. Zeitschrift für die Praxis der politischen Bildung. Gedenkstätten. Lernorte zum nationalsozialistischen Terror. Nr. 3, 2008. Landeszentrale für politische Bildung Baden-Württemberg. S. 2.

4 Vgl. Klaus Ahlheim Gedenkstättenarbeit und Rechtsextremismus, S. 16 in: Polis 55 Analysen-Meinungen-Debatten, Hessische Landeszentrale für politische Bildung, Wiesbaden 2013

5 Vgl. Klaus Ahlheim, Gedenkstättenarbeit und Rechtsextremismus, S. 11 in: Polis 55 Analysen-Meinungen-Debatten, Hessische Landeszentrale für politische Bildung , Wiesbaden 2013

6 Vgl. Politik und Unterricht. Zeitschrift für die Praxis der politischen Bildung. Gedenkstätten. Lernorte zum nationalsozialistischen Terror. Nr.3, 2008. Landeszentrale für politische Bildung Baden-Württemberg. S. 5

7 Vgl. ebd. S. 6.

8 Vgl. ebd. S. 6f.

9 Vgl. Klaus Ahlheim, Gedenkstättenarbeit und Rechtsextremismus, S. 17 in: Polis 55 Analysen-Meinungen-Debatten, Hessische Landeszentrale für politische Bildung, Wiesbaden 2013

Peter Eberhardt, Hendrik Harteman:

25 Jahre Aktives Museum Spiegelgasse für deutsch-jüdische Geschichte in Wiesbaden

Die historische Bedeutung des Hauses Spiegelgasse 11 als Anbau an das jüdische Bad- und Gasthaus „Zum Rebhuhn", später „Pariser Hof", war 1987 wenigen Menschen in Wiesbaden bekannt. Dem Frankfurter Vorbild des Engagements für die Erhaltung authentischer Orte der jüdischen Geschichte folgend, entstand die Bürgerinitiative „Rettet die Spiegelgasse". Die Landeshauptstadt Wiesbaden kaufte das vom Abriss bedrohte Haus und renovierte es aufwändig. Es ist heute das Ausstellungshaus des Aktiven Museums und beherbergt die Büroräume der Jugendinitiative Spiegelbild.

Aus der Bürgerinitiative wurde 1988 der „Förderkreis Aktives Museum für deutsch-jüdische Geschichte". Er führte zahlreiche Veranstaltungen durch und legte damit den Grundstein zur systematischen Erforschung der jüdischen Geschichte Wiesbadens.

Am 30. August 1992 – 50 Jahre nach den Massendeportationen – organisierte der noch junge Verein einen Mahngang zum Gedenken an die ermordeten Wiesbadener Juden. Der

Weg folgte dem Gang der Deportationen von der Synagoge in der Friedrichstraße zur Schlachthoframpe am Hauptbahnhof. Über 3000 Wiesbadenerinnen und Wiesbadener beteiligten sich und praktizierten erstmals ein viel beachtetes namentliches Gedenken aller damals bekannten jüdischen Opfer der Gewaltherrschaft.

Mit dem Umzug der Geschäftsstelle 1993 in die Spiegelgasse – mit Bibliothek, Archiv und Arbeitsräumen – änderte der Verein seinen Namen in: „Aktives Museum Spiegelgasse für Deutsch-Jüdische Geschichte in Wiesbaden e.V." (AMS). Die Erinnerungsarbeit mit Zeitzeugen, die Kontakte zu Überlebenden der Shoa, die Erforschung und Dokumentation der lokalen deutsch-jüdischen Geschichte wurden ausgeweitet und vertieft. 1999 wurde das Haus Spiegelgasse 11 als Ausstellungshaus eröffnet. Das Kulturamt der Landeshauptstadt Wiesbaden unterstützt den Verein seither.

Das AMS ist kein Museum im traditionellen Sinn. Es ist mit vielen ehrenamtlichen Mitarbeiterinnen und Mitarbeitern ein Ort des Sammelns und Bewahrens, der Forschung und Dokumentation, der Begegnung und Vermittlung. Dabei steht der Anspruch, die Stadtöffentlichkeit aktiv einzubeziehen, im Vordergrund. Projekte wie die „Erinnerungsblätter", „Stolpersteine" und „Spurensuche" bringen kontinuierlich die deutsch-jüdische Geschichte Wiesbadens ins Stadtbild. Der Verein hat rund 200 Mitglieder, von denen sich etwa 50 Ehrenamtliche aktiv engagieren.

Regelmäßige Vorträge, Ausstellungen, Workshops, Dialogtage, Konzerte und der Jüdische Lehrtag (ehemals Jüdisches Lehrhaus, in Tradition der jüdischen Erwachsenenbildung in Wiesbaden vor dem Holocaust) dienen dem Ziel, das Wissen über deutsch-jüdische Geschichte und jüdische Kultur zu erweitern und zu vertiefen. Nach wie vor finden häufig Zeitzeugengespräche und Studientage für Schulklassen und Jugendgruppen statt.

Das AMS ist zum festen Bestandteil der Erinnerungskultur in Wiesbaden geworden. Die Forschungsergebnisse sind in die Gestaltung der Erinnerungsorte „Denkmal für die ermordeten Juden aus Wiesbaden" am Michelsberg und „Mahnmal für die Deportationen aus Wiesbaden" am ehemaligen Schlachthof eingeflossen. Beide Erinnerungsorte wurden im Jahr 2011 eröffnet. Neben der Forschungs- und Bildungsarbeit setzte sich der Verein immer wieder öffentlich für namentliches Gedenken und Erinnern an authentischen Orten ein. Im Rathaus der Landeshauptstadt unterhält das AMS einen Gedenkraum und zeigt in einer selbst produzierten Ausstellung fünf jüdische Milieus vor der Vernichtung der Gemeinden in Wiesbaden. Eine intensive Darstellung von Biografien jüdischer Opfer aus Wiesbaden finden sich auch in den über 500 Stolpersteinen Wiesbadens wieder. Der Verein hat sie in den letzten Jahren mit großer Unterstützung der Wiesbadener Bürgerinnen und Bürger sowie der Stadtpolitik verlegen können.

Mit finanzieller Unterstützung der Stadt Wiesbaden wurde im Jahr 2007 die Jugendinitiative „Spiegelbild" gegründet. Sie leistet eine eigenständige Jugendbildungsarbeit im Sinn des AMS, entwickelt und erprobt mit Erfolg neue Konzepte zur historisch-politischen Bildung von Kindern, Jugendlichen und jungen Erwachsenen. Bereits zweimal wurde diese Arbeit mit Preisen honoriert. Im Jahr 2010 hat das AMS die „Paul-Lazarus-Stiftung" ins Leben gerufen. In Erinnerung an den langjährigen Rabbiner (1918-1938) der Vorkriegsgemeinde soll die Stiftung die zahlreichen Zeugnisse deutsch-jüdischer Geschichte, die in den letzten Jahrzehnten gesammelt wurden, restaurieren, pflegen und wissenschaftlich auswerten sowie Publikationen ermöglichen. Bereits sieben Hörbücher der „Edition Zeugen einer Zeit" mit Erinnerungen von Zeitzeugen wurden durch die Stiftung veröffentlicht.

Heute ist das Aktive Museum mit seiner Geschäftsstelle und der Paul-Lazarus-Stiftung im Haus des Pariser Hofes untergebracht und knüpft damit an die jüdische Geschichte des Gebäudekomplexes an. Die Erinnerung an das Gestern soll für heutige Bürgerinnen und Bürger nachvollziehbar gemacht werden, das gewonnene Wissen wird an künftige Generationen weiter gegeben. Zusammengefasst spiegelt sich der Anspruch des Aktiven Museums in einer Formulierung des Flyers zum Gedenken an die Deportationen wieder:

Erkläre die Vergangenheit – erkenne die Gegenwart – gestalte die Zukunft.

Dieser Dreiklang – Vergangenheit, Gegenwart, Zukunft – prägt die Arbeit und ist das Ziel der vielen aktiven Mitarbeiterinnen und Mitarbeiter des AMS.

Fritz Brinkmann-Frisch:

Éva Fahidi

Éva Fahidi ist eine der 1000 Frauen des Außenkommandos Münchmühle, die in der Allendorfer Fabrik der Dynamit AG Zwangsarbeit leisten mussten. Da wir bereits seit 1988 enge, freundschaftliche Kontakte zu ihr pflegen, soll ihre Biografie exemplarisch vorgestellt werden.

Éva Fahidi, so ihr Mädchenname, wurde im Oktober 1926 in der ostungarischen Stadt Debrecen geboren. Sie lebte dort in guten Verhältnissen als Teil einer großen Familie. Sie hatte eine unbeschwerte Kindheit. Sie machte ihr Abitur an einer Klosterschule. Entsprechend ihrer großen musischen Begabung wäre sie gern Pianistin geworden. Doch ihr Traum fand ein jähes Ende. Im März 1944 wurde Ungarn von der Wehrmacht besetzt und kurz darauf begann die Deportation der ungarischen Juden. Mit achtzehn Jahren wurde Éva mit ihrer Familie zwangsdeportiert und kam als junge Frau nach Auschwitz-Birkenau. Dort wurde sie am Morgen des 1. Juli 1944 von ihren Eltern und ihrer geliebten 11-jährigen Schwester Agnes, liebevoll Gilike genannt, durch KZ-„Arzt" Mengele getrennt. Ihre Familie wurde in Auschwitz ermordet. Éva kam nach Allendorf in das Lager Münchmühle. Dort musste sie vom August 1944 bis zur Befreiung im März 1945 unter menschenunwürdigen Bedingungen mit Sprengstoffen und Munition hantieren. Sie kehrte als einzige Überlebende ihrer Familie nach Ungarn zurück. Dort musste sie feststellen, dass das Eigentum ihrer Familie inzwischen konfisziert, an andere weitergegeben oder von Nachbarn und „Freunden" gestohlen worden war. Das neue kommunistische System in Ungarn nahm sie nicht mit offenen Armen auf, im Gegenteil. In der Zeit der kommunistischen Schauprozesse wurde sie schnell zum so genannten „deklassierten Element" erklärt und musste als Hilfsarbeiterin am Aufbau der Stadt Sztálinváros (heute Dunaújváros) schuften. Nach 1956 arbeitete sie im staatlichen Außenhandel für die ungarische Stahlindustrie und nach der Wende 1989 in einem eigenen Außenhandelsunternehmen. Sie lebt in Ungarn – bis heute.

Nach fast 60 Jahren des Schweigens sah sie es als ihre Pflicht an, ihre Erinnerungen aufzuschreiben und den Nachgeborenen zu erzählen. Diese wurden erstmalig 2004[1] unter

Andor Frankl und Eva Fahidi anlässlich der Gedenkfeier zum 25-jährigen Bestehen der Gedenkstätte Münchmühle am 6. Mai 2013

dem Titel „Anima rerum. Meine Münchmühle in Allendorf und meine wahren Geschichten", vom Magistrat der Stadt Stadtallendorf herausgegeben und im April 2004 der Öffentlichkeit vorgestellt. Ihre Erinnerungen sind eines der wenigen und wichtigen Zeitzeugen-Dokumente über den Holocaust an der jüdischen Bevölkerung Ungarns.

Zur Stadt Stadtallendorf unterhält Eva Fahidi seit 1988 enge Kontakte. Sie war seitdem schon oft aus verschiedenen Anlässen in Stadtallendorf. Begleitet wurde sie dabei fast immer von ihrem Lebensgefährten Andor Frankl[2]. Sie besucht zum einen das DIZ, welches sie aus der Sicht der ehemaligen Häftlinge als „unser Museum" beschreibt und sie kommt vor allem, um als Zeitzeugin mit Schülerinnen und Schülern vor Ort und in der Region zu sprechen. Dabei ist ihre Art des Erzählens für alle Teilnehmenden ein zutiefst beeindruckendes Ereignis.

Bei aller Trauer sind ihre Erzählungen und Berichte immer lebendig und hoffnungsvoll. Sie ist dabei beseelt von dem Gedanken, dass die Aufklärung über die unvorstellbaren Verbrechen der NS-Diktatur durch das Erzählen der eigenen Biografie, die persönlichen Gespräche mit jungen Menschen dazu beitragen, antisemitischen und rassistischen Einstellungen aktiv entgegenzuwirken. Zum Umgang mit den Jugendlichen sagte sie selbst: „Fast in ihrem Alter war ich vor 69 Jahren, als mein heute fast unglaubliches Schicksal begann. Aber auch, wenn es unglaublich klingt, müssen es die Jugendlichen von mir, die es erlebt hat, hören. Vielleicht kann ich ihnen einen Satz geben, den sie bisher nie gehört haben, den sie von mir jedoch akzeptieren können und sie sich irgendwann einmal daran erinnern werden. Dann bin ich nicht umsonst gekommen."[3] Für ihr außergewöhnliches Engagement gegen das Vergessen wurde sie im Sommer 2012 mit dem Bundesverdienstkreuz ausgezeichnet.

Anmerkungen

1 2005 entstand durch den ungarischen Verlag Tudomány eine erweiterte ungarische Ausgabe. Unter dem Titel „Die Seele der Dinge" erfolgte 2011 eine deutsche Erstausgabe der ungarischen Ausgabe, die vom Internationalen Auschwitz Komitee, Berlin und der Gedenkstätte Deutscher Widerstand, Berlin im Lukas-Verlag herausgegeben wurde.

2 In memoriam Andor Frankl 26. September 1921 – 9. September 2013; Andor Frankl war Überlebender des Mauthausener Außenkommandos Gunzkirchen.

3 Rede zur Gedenkfeier aus Anlass des 25. Jahrestags des Bestehens der Gedenkstätte am 6. Mai 2013.

Inge Naumann-Götting:

Die Familie Seligmann Baum

Im Zentrum des Fotos ist Seligmann Baum an seinem 80. Geburtstag am 21. April 1916 zu sehen, zu dem er all seine Kinder und Enkel um sich versammelt hat. Seine Frau Johanna geb. Gensheimer war schon 1897 gestorben. Er selbst starb 1918 in Wiesbaden und wurde, wie seine Frau, auf dem Friedhof am Hellkundweg beigesetzt.

Seligmann Baum stammte aus der schon im 18. Jahrhundert nachweisbaren Schiersteiner Familie Abraham Meier, die seit 1847 den Namen Baum führte.

Seligmann und Johanna Baum zogen 1867 nach Wiesbaden, 1882 in die Grabenstraße 12. Sechs Kinder wurden geboren, die sich mit ihren Ehepartnern und Nachkommen zu Seligrnanns 80. Geburtstag eingefunden hatten. Ihrer aller Schicksal während der Verfolgungen durch die Nationalsozialisten gut 20 Jahre später wurde von Nachkommen bewahrt und aufgezeichnet.

Albert Baum, Jahrgang 1868, der älteste Sohn, war Metzger und Viehhändler und hatte das Geschäft seines Vaters in der Grabenstraße übernommen. Er selbst, seine Ehefrau

Minna geb. Wertheim und deren Tochter Änne (Nr. 2, 3 und 21) flohen nach Frankreich. Der Sohn Ernst (Nr. 16) war schon in den 1920er Jahren in die USA ausgewandert.

Siegfried Baum, Jahrgang 1869, Seligmanns zweiter Sohn, verheiratet mit Emilie Baum geb. Baer, war Kaufmann und Teilhaber des Modegeschäftes für Kinderbekleidung „Gebrüder Baum" in der Webergasse 6. In den 1920er Jahren war er Stadtverordneter in Wiesbaden. 1935 starb er an Krebs. (Nr. 4, 5) Seine Frau Emilie führte das Geschäft nun mit Tochter Johanna (Nr. 14) und Schwiegersohn Albert Kleinstraß weiter, bis es im November 1938 völlig zerstört wurde und aufgegeben werden musste.

Emilie Baum, Johanna und Albert Kleinstraß wurden am 1. September 1942 nach Theresienstadt deportiert. Das Ehepaar Kleinstraß wurde im Januar 1943 in Auschwitz ermordet. Emilie Baum kam 1944 in Theresienstadt zu Tode.

Johannas und Alberts Kinder Lena und Paul konnten gerettet werden. Lena verließ Wiesbaden im Juni 1938, nach ihrer Bat Mizwa, in Richtung USA. Paul konnte im Januar 1939 im Rahmen des Kindertransport-Programms nach Schweden entkommen.

Er hielt bis Anfang 1943 noch brieflichen Kontakt zu seinen Eltern, der Großmutter Emilie und der Tante Mathilde. 14 Tage vor der Deportation nach Theresienstadt schrieben Mutter, Oma und Tante an Paul: „Nun stehen wir alle auch davor, es können 8, 10, 14, 20 Tage darüber hingehen, ... Aber jeder Tag, der so noch gut rumgeht, ist uns auch recht. Wir halten unseren Haushalt bis zur letzten Minute in gewohnter Weise aufrecht . Wir haben lange gute Tage gehabt und alle Bequemlichkeiten ... es wird auch mal anders gehen, Hauptsache, wir bleiben alle gesund. Unserer Nachbarschaft ... fällt es schwer, sich von ihren Brocken zu trennen. Es tut mir nur leid, dass ich Euch früher schimpfte, wenn ihr die Füße auf die guten Stühle gestellt habt. Dies war alles für die Katz. An all dem Kram hänge ich nicht mehr ..." „Wir sind guten Mutes, in der festen Hoffnung unsere Lieben wieder zu sehen." „Wir sind ruhig u. hoffen das uns auferlegte Schicksal alle tragen zu können. Alles geht mal vorüber ..."

All diese Hoffnungen haben sich nicht erfüllt. Ende 1943 erhielt Paul ein letztes kurzes Lebenszeichen seiner Großmutter aus Theresienstadt. Geblieben sind ihm und seiner Schwester die Erinnerungen, einige Fotos und Briefe.

Moritz Baum, Jahrgang 1871, verheiratet mit Martha geb. Herzfeld, war ebenfalls Kaufmann und Teilhaber des Modegeschäftes in der Webergasse. Er starb 1930. Seine Frau emigrierte 1935 in die USA. Sie starb 1973 in Los Angeles. Sohn Walter war schon in den 1920er Jahren in die USA ausgewandert. Tochter Irma starb 1936 in Essen an der Geburt eines Sohnes. (Nr. 8, 9, 17, 23)

Jakob Baum führte mit seiner Frau Berta geb. Ullmann eine Metzgerei in der Webergasse 38. Das Ehepaar hatte zwei Kinder: Gertrude und Liesel. Die Familie emigrierte ca. 1937 nach Süd-Amerika. Liesel ging nach Paraguay, Jakob, Berta und Gertrude ließen sich in Argentinien nieder. (Nr. 7, 6, 18, 19)

Betty Baum war verheiratet mit Albert Mayer und hatte zwei Söhne: Paul Julius und Oskar Hermann. Sie starb ca. 1930. Die Söhne und der Mann emigrierten nach Süd-Amerika bzw. Palästina. (Nr. 10, 11, 20, 22)

Mathilde Baum, Jahrgang 1874, war verheiratet mit David Neu. Das Ehepaar hatte zwei Söhne: Ernst, der schon vor der Nazizeit nach Argentinien emigriert war, und Alfred, der 1938/39 folgte. Das Ehepaar führte einen Schuhhandel in Hanau bis zu Davids Tod im Jahr 1935. Von 1938 an lebte Mathilde, völlig mittellos, im Haushalt ihrer Schwägerin Emilie und ihrer Nichte Johanna Kleinstraß und deren Mann in der Weißenburgstraße 6 in Wiesbaden. Sie wurde, wie ihre Verwandten, am 1. September 1942 nach Theresienstadt deportiert. 1944 wurde sie in Auschwitz ermordet. (Nr. 12, 13, 15, 24)

Als im Jahr 1991 Schülerinnen und Schüler und zwei Kolleginnen der Gutenbergschule Wiesbaden mit Hilfe des Aktiven Museums Kontakt zu Paul Kester (früher Kleinstraß) als ehemaligem Gutenbergschüler aufnahmen, schrieb er: „Ihre Zeilen ... habe ich mit großem Interesse gelesen, besonders dass man jetzt nach mehr als fuenf Jahrzehnten Interesse in der Gutenbergschule zeigt, was aus ihren ehemaligen juedischen Schuelern geworden ist." Nach seinem ersten Besuch im Jahr 1992, nach der Vertreibung aus seiner Schule 1938, heißt es in einem Brief: „Der Montag – 15. Juni – war ein besonders ereignisreicher Tag – die Rückkehr in meine Geburtsstadt wo nach Jahrzehnten mich plötzlich Menschen begrüssten, die sich nicht nur mit meiner Vergangenheit beschäftigten, sondern sich auch derer erinnerten, die aus W. vertrieben wurden und nicht zurück kamen. Die Begegnungen an diesem Tag, die Worte der Lehrer, die Fragen und das Zuhören der Schüler, war eindrucksvoll und gab Hoffnung für eine bessere Zukunft nicht nur für Deutschland, sondern für uns alle." Er übermittelte auch dem Aktiven Museum, dessen Arbeit „so viel Positives erzielt hat", besonderen Dank.

Die Nachkommen von Seligmann Baum, die sich haben retten können, sind heute über die ganze Welt verstreut. Sohn und Enkel von Johanna und Albert Kleinstraß halten weiterhin engen und freundschaftlichen Kontakt zu Wiesbaden. Ihnen danken wir für alle Informationen und das Foto der Familie Baum.

Ehepaar Paul und Susi Kester
Foto: Martin Götting

Monika Hölscher:

Stadtallendorf - die Stadt der „Fremden"

Seit der Einrichtung des Dokumentations- und Informationszentrums Stadtallendorf, kurz DIZ, im Jahr 1994 ist Fritz Brinkmann-Frisch sein Leiter. Finanziell getragen wird es durch die Stadt Stadtallendorf, den Kreis Marburg-Biedenkopf und das Land Hessen über die Hessische Landeszentrale für politische Bildung. Damit gehört das DIZ zu den vier vom Land Hessen geförderten Gedenkstätten für die Opfer des Nationalsozialismus, neben Breitenau, Hadamar und Trutzhain, und steht exemplarisch für die Opfergruppe der Zwangsarbeiter. In der 1988 gegründeten Gedenkstätte Münchmühle bei Stadtallendorf, die vom DIZ mitverwaltet wird, waren von 1944 bis 1945 1000 überwiegend ungarische Zwangsarbeiterinnen unter menschenunwürdigen Zuständen untergebracht gewesen. Im Mai d.J. konnte dort mit dem Ehrengast Eva Pusztai, einer ehemaligen Zwangsarbeiterin, seit vielen Jahren als Zeitzeugin in Schulen zu Gast, das 25-jährige Bestehen gefeiert werden, auch das Hessische Fernsehen berichtete über dieses Ereignis.

Über ein Projekt der Uni Marburg, das von Walter Bernsdorf und Georg Fülberth geleitet worden war und sich mit der NS-Geschichte des Marburger Stadtteils Ockershausen beschäftigte, wurde Fritz Brinkmann-Frisch nach Abschluss seines Studiums 1986 mit dem Thema Zwangsarbeiter und Juden erstmals näher konfrontiert. Dadurch kam der Politikwissenschaftler auch in Kontakt zu der von der Stadt Stadtallendorf eingerichteten Arbeitsgruppe, die den Aufbau des DIZ und seine Eröffnung 1994 vorbereitete. Viel Aufklärungs- und Vernetzungsarbeit hat er seitdem geleistet. Immer wieder betont er bei Vorträgen, dass „auf jedem Bauernhof ein Zwangsarbeiter beschäftigt war". Manche älteren Zuhörer können sich dann durchaus noch daran erinnern und beginnen zu erzählen. Dieser Umstand, dass im Prinzip fast jeder Mensch auch im kleinsten Dorf aufs engste mit dem nationalsozialistischen Rassenwahn konfrontiert war, ist für ihn auch immer wieder Anlass, LehrerInnen darauf hinzuweisen, erst einmal NS-Gedenkstätten vor Ort aufzusuchen, bevor sie beispielsweise nach Buchenwald fahren. Entsprechende Fortbildungen gehören zu den Angeboten, die mit den abgeordneten Lehrkräften von der Georg-Büchner-Schule in Stadtallendorf und von der Europa-Schule in Gladenbach regelmäßig organisiert werden.

Stadtallendorf hat einen Ausländeranteil von fast 21%. Wenn er bei Führungen von Schulklassen fragt: „Was wisst ihr über Stadtallendorf?", erhält Fritz Brinkmann-Frisch nicht selten die Antwort: „So viele Türken." In der Tat hat Stadtallendorf einen hohen Anteil türkischstämmiger Einwohner, was aber auch vielfältige Möglichkeiten in der pädagogischen Arbeit eröffnet. So hat er gemeinsam mit einer Arbeitsgruppe beispielsweise für den 50. Hessentag 2010 ein Projekt „Meditativer Tanz" initiiert, bei dem christliche, jüdische und Derwisch-Tänze in der Fatih-Moschee aufgeführt wurden. Fast 300 Besucher waren damals bei dieser Veranstaltung. Entsprechend gut sind seine Kontakte zu den muslimischen Gemeinden. Junge türkische Lehrer an der Georg-Büchner-Schule tragen zu diesem Verhältnis bei. Einer seiner Wünsche für das DIZ ist denn auch, weitere Ausstellungsräume zu bekommen, um das Thema Migration dort darstellen zu können, darin sieht er eine sehr gute Zukunftschance. Stadtallendorf sei eine Stadt der „Fremden", erläutert er: „Fremd"arbeiter, fremde Vertriebene, fremde Flüchtlinge, fremde Ausländer, fremde Aussiedler.

Seit vielen Jahren arbeitet Fritz Brinkmann-Frisch eng mit ehemaligen ZwangsarbeiterInnen zusammen. Besonders eng ist er mit Eva Pusztai befreundet. Doch geht die Zeit der Zeitzeugen langsam aber sicher zu Ende. Eva Pusztai wird trotz ihres hohen Alters nicht müde Schülerinnen und Schülern über ihre Zeit in Allendorf als Zwangsarbeiterin zu erzählen. Kinder und Jugendliche, gerade auch mit Migrationshintergrund, würden einen sehr engen Kontakt zu Eva suchen, erzählt Fritz Brinkmann-Frisch, was für ihn auch durchaus ein Hinweis darauf ist, dass die Integration weiter fortschreitet. Doch was kommt danach? Eine Frage, die bundesweit in allen Gedenkstätten für NS-Opfer seit Jahren diskutiert wird. Auch der Leiter des DIZ weiß darauf keine Antwort: „Das ist unwiederbringlich", meint er, „alles andere ist Konserve." Man müsse wohl auf Filme und Video-Interviews zurückgreifen sowie auf Dokumente, von denen es viele in Stadtallendorf gäbe (durch eine Fragebogenaktion von 1988) und auf einige Berichte von weiteren Zeitzeugen aus der ganzen Welt. Doch seien die Dokumente noch nicht aufgearbeitet bzw. übersetzt, was ein großes Forschungsdesiderat darstelle, genau wie die Erforschung der Lagerfunktionen in der Nachkriegszeit, z.B. als DP-Camps. Es gibt noch viel zu tun in Stadtallendorf – eine engere Zusammenarbeit mit Universitäten wäre daher auch einer seiner Wünsche für die Zukunft, die er für das Dokumentations- und Informationszentrum durchaus positiv sieht.

Monika Hölscher:

„Ein Mikrokosmos der vielfältigen Gesellschaft"

Vor 20 Jahren, im Jahr 1993, wurde das Aktive Museum Spiegelgasse in der Spiegelgasse eingerichtet. Der Förderverein, ab 1993 „Aktives Museum Spiegelgasse für Deutsch-Jüdische Geschichte in Wiesbaden e.V.", war bereits fünf Jahre davor gegründet worden. Finanziell unterstützt wurde und wird die Arbeit des Vereins von der Stadt Wiesbaden und anderen Förderern. Mit der Einrichtung der Jugendinitiative Spiegelbild im AMS vor sieben Jahren beschritten die Mitglieder ein neues Terrain, nicht nur hinsichtlich einer Professionalisierung ihrer Arbeit, sondern auch mit dem Anspruch, „Räume zu schaffen, in denen junge Menschen sich und Geschichte begegnen können". Für diese Arbeit wurde der 1974 geborene Sozialpädagoge Hendrik Harteman vor fünf Jahren eingestellt.

Die Ausstellung „Anne Frank – eine Geschichte für heute in Wiesbaden" 2009 bezeichnet Hendrik Harteman als „Türöffner" für die Arbeit mit jungen Menschen. Sie machte ihnen das Angebot zum Mitmachen und selber gestalten. Mit acht Schulen habe Spiegelbild gemeinsam mit den anderen Kooperationspartnern zusammengearbeitet, erzählt er. Schülerinnen und Schüler seien ausgebildet worden, um andere Jugendliche durch die Ausstellung zu begleiten. Das seien Multiplikatoren bis heute: Für einzelne Projekte, wie beispielsweise das Folkloreprojekt oder die Gedenkstätte am Michelsberg in Wiesbaden, stehen sie immer wieder zur Verfügung – allerdings nicht für langfristige Vorhaben, da haben Studium, Beruf und Familie Vorrang. Das positive Feedback und die zahlreichen Gespräche, die Hendrik Harteman vor, während und nach der Anne Frank-Ausstellung führte, bestätigten ihn darin, dass der Weg, den das AMS mit seiner Jugendinitiative Spiegelbild eingeschlagen hatte, der richtige ist. „Wir haben dadurch unsere Rolle gefunden", folgert er.

Als einen sehr wichtigen Aspekt bei der pädagogischen Arbeit sieht er die Zusammenarbeit mit den Sozialpädagogikstudierenden der Hochschule Rhein-Main. Diese Zusammenarbeit sei außerordentlich hilfreich und bringe Knowhow in die Arbeit der Jugendinitiative. Die organisatorische Trennung von AMS und Spiegelbild eröffnet Hendrik Harteman darüber hinaus weitere und andere Arbeitsgebiete. So kümmern sich die zum Teil seit vielen Jahren tätigen Ehrenamtlichen des AMS um die Aufarbeitung der Geschichte der Wiesbadener Juden, während Spiegelbild „andere Fässer aufmachen" kann. Dazu gehört für ihn die Beschäftigung mit Rechtsextremismus. In dieser Arbeit mit Jugendlichen gegen Rechtsextremismus seien sie sehr konsequent, so Harteman, aber auch sehr radikal, was die Inhalte und die Durchführung beispielsweise an den Schulen angehe, doch es funktioniert und wird angenommen und sei eine tolle Bestätigung. Als eine seiner Aufgaben sieht er es, Jugendlichen einen Zugang zu Politik und Geschichte zu verschaffen. Ältere können manchmal nicht wahrnehmen, in welchen Lebenswelten die Jugendlichen sind. Gerade in der Gedenkstättenarbeit würden viele Ältere die Beschäftigung mit Opfern des Nationalsozialismus als einen Lebensinhalt und eine Verpflichtungen sehen, für die Jungen sei das nicht so. Sie suchen sich ihre Themen selbst. Die Arbeit von Spiegelbild wird mittlerweile hoch geschätzt, hier sei etwas Neues geschaffen worden: Für alle Kooperationspartner sei die Verbindung Geschichte und Jugendarbeit selbstverständlich geworden. Die Zusammenarbeit mit den Ehrenamtlichen empfindet er als sehr positiv, oft genug könne er von deren jahrelanger Arbeit profitieren. „Wir sind ein Mikrokosmos der vielfältigen Gesellschaft. Wir halten uns gegenseitig aus. Wir sind ein Verein, man muss wertschätzen, was die anderen tun, auch wenn man es nicht versteht", bringt er es auf den Punkt.

Neben Hendrik Harteman wird eine weitere Stelle für Andrea Gotzel bei Spiegelbild von Xenos finanziert. Das Bundesprogramm XENOS integriert Aktivitäten gegen Diskriminierung, Fremdenfeindlichkeit und Rechtsextremismus in arbeitsmarktbezogene Maßnahmen zwischen (Berufs-)Schule, Ausbildung und Arbeitswelt.

Nach seiner Zukunftsvision für das AMS und der Jugendinitiative gefragt, antwortet Hendrik Harteman nach kurzem Nachdenken: „Einen Verein, der noch mehr aushalten kann an Vielfältigkeit. Menschen möchten sich engagieren, für Demokratie, gegen Rassismus. Ich bin berauscht von diesem Verein, weil ich glaube, dass er unglaublich viel Potenzial hat."

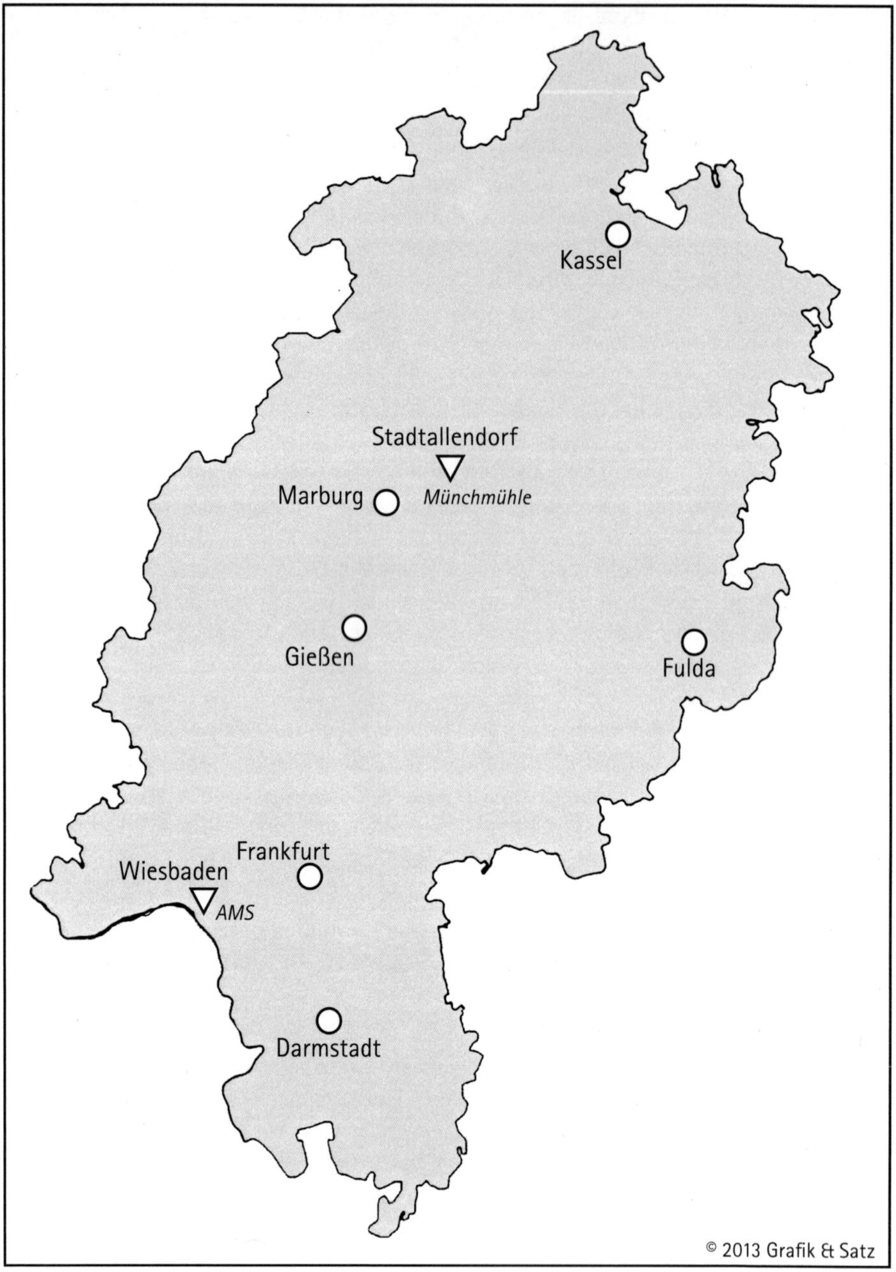
Kassel
Stadtallendorf
Münchmühle
Marburg
Gießen
Fulda
Frankfurt
Wiesbaden
AMS
Darmstadt
© 2013 Grafik & Satz